LETTRE DE M. LIBRI

A M. LE MINISTRE DE LA JUSTICE

A PARIS

SUIVIE

D'une Lettre du même à M. F**, à Paris**

PARIS

PANCKOUCKE, RUE DES POITEVINS, 14

—

1850

LETTRE DE M. LIBRI

A M. LE MINISTRE DE LA JUSTICE

A PARIS

SUIVIE

D'une Lettre du même à M. F****, à Paris

PARIS

PANCKOUCKE, RUE DES POITEVINS, 14

—

1850

PARIS. — TYPOGRAPHIE PANCKOUCKE, RUE DES POITEVINS, 8 ET 14.

LETTRE DE M. LIBRI

A M. LE MINISTRE DE LA JUSTICE,

A PARIS.

Londres, le 30 avril 1850.

Monsieur le Ministre,

D'erreur en erreur, d'illégalité en illégalité, la persécution dirigée contre moi, et qui avait commencé par la publication du Rapport de M. Boucly dans le *Moniteur universel*, vient d'aboutir à un arrêt de la chambre des mises en accusation, qui, à ce qu'annoncent les journaux, me renvoie devant la cour d'assises de la Seine. Ce renvoi était prévu par tous ceux qui, connaissant les irrégularités commises à mon préjudice, savaient que, pour assurer l'impunité des gens qui ont violé les lois si ouvertement, il fallait, coûte que coûte, préparer ma ruine. Je ne viens pas me plaindre de cet arrêt auprès de vous, Monsieur le Ministre, je viens seulement vous demander si vous entendez assumer la responsabilité de toutes les mesures arbitraires et illégales qui m'ont frappé, et qui ont été signalées au blâme de l'Europe par les plus éminents jurisconsultes.

La lettre ci-jointe contient ma réponse à une communication qui m'a été faite au nom d'un magistrat distingué. Elle vous fera connaître à la fois, Monsieur le Ministre, quelques-unes des irrégularités dont j'ai à me plaindre, et ce que je demande qu'on fasse avant que je me rende à Paris. Si, conformément à l'article 470 du *Code d'instruction criminelle*, les magistrats chargés du jugement de la contumace reconnaissent que, dès le commencement, il y a eu violation des lois (et comment ne pas reconnaître une violation qui est notoire, et qui a soulevé les protestations les plus énergiques dans tous les pays civilisés!), j'irai à Paris pour repousser les calomnies dont j'ai été l'objet. Si, au contraire, par un nouveau déni de justice, on se montre décidé à persister dans la voie arbitraire et illégale où l'on est engagé depuis deux ans, je protesterai énergiquement contre tout ce qui peut se faire à Paris à mon égard, et j'attendrai, pour obtenir justice, que certains magistrats soient moins disposés à enfreindre les lois. Dans ce dernier cas, le débat s'élèvera et s'agrandira. Il ne s'agira plus alors de livres à estampilles; il s'agira de savoir si les hommes qui devraient être les gardiens de la loi peuvent l'enfreindre dans ses dispositions les plus essentielles, et s'il doit être permis à ceux qui parlent au nom de la justice de violer impunément toutes les règles du droit, sans être arrêtés par aucun frein, sans que rien puisse les rappeler au sentiment de leur devoir.

Comme chef de la magistrature française, vous devez vouloir, Monsieur le Ministre, que les arrêts qu'elle rend soient conformes aux règles de la justice. Comme membre du gouvernement français, vous devez désirer que ses arrêts soient respectés à l'étranger. C'est ce qui doit me faire supposer que vous voudrez interposer votre autorité pour rendre enfin régulière une procédure monstrueuse, dont l'histoire gardera le souvenir, comme elle a gardé celui des prétendues malversations imputées à Lavoisier, et qui firent tomber cette illustre tête.

On se plaint généralement en France, que la loi n'est plus respectée. Ce n'est pas en appliquant avec une rigueur aveugle des peines sévères; c'est en montrant qu'ils savent les premiers obéir aux lois dont ils sont les dépositaires, que les magistrats rendront à ces lois de la force et de l'autorité.

Depuis deux ans je ne cesse d'accuser des magistrats français d'avoir violé, à mon égard, les dispositions les plus formelles du *Code d'instruction criminelle*. Ces violations, dont j'ai les preuves entre les mains, ont provoqué une censure sévère dans toute l'Europe. Si mes plaintes vous semblent fondées, Monsieur le Ministre, il vous appartient de prendre les mesures nécessaires pour me faire rendre justice. Si vous les croyez calomnieuses, vous ne devez pas les tolérer davantage. J'attends donc, ou que la procédure soit annulée comme irrégulière, ou qu'on me demande compte devant les tribunaux anglais des assertions que j'ai publiées dans ce pays, et qui ont eu tant de retentissement.

Les magistrats de l'Angleterre jouissent d'une si grande réputation d'impartialité, leur respect pour les formes légales est tellement connu, que plusieurs fois des gouvernements étrangers en ont appelé à leur juridiction. Napoléon lui-même a donné à un tribunal anglais cette marque d'estime et de confiance. Pourquoi les magistrats dont j'ai à me plaindre négligeraient-ils de suivre cet exemple pour se laver, s'ils le peuvent, d'une accusation portée si solennellement contre eux.

J'ai l'honneur d'être, Monsieur le Ministre,

Votre très-humble serviteur,

G. LIBRI.

LETTRE DE M. LIBRI A M. F****,

A PARIS.

Londres , le 29 avril 1850.

Monsieur ,

Veuillez recevoir tous mes remercîments pour la lettre que vous m'avez fait l'honneur de m'adresser, et dans laquelle je vois qu'un magistrat éminent, qui semble me porter quelque intérêt, vous a prié de me demander ce que j'entendais faire à la suite de l'arrêt de la chambre des mises en accusation, qui m'a renvoyé devant la Cour d'assises de la Seine, et si je comptais me constituer prisonnier. Je vais répondre franchement et sans aucune réticence à la question que vous m'adressez.

Ce n'est pas la première fois que des magistrats de l'ordre le plus élevé ont manifesté des intentions justes et bienveillantes à mon égard. Malgré le bruit que mes ennemis faisaient en France contre moi, malgré la fantasmagorie dressée à mon détriment dans le *Moniteur universel,* par le gouvernement provisoire de la République Française, il n'a pas pu échapper à des esprits sérieux et impartiaux, que l'accusation dont j'étais l'objet avait surgi dans des temps où les passions politiques jouaient un grand rôle, et que cette accusation, contre laquelle l'Europe entière a protesté, avait pour base des lettres anonymes. Malheureusement, ces magistrats ne s'étaient pas beaucoup occupés de bibliographie ; ils étaient accablés d'occupations, et n'avaient pas le temps d'examiner l'immense procédure dirigée depuis deux ans contre moi pour y découvrir les inconcevables bévues et les irrégularités sans nombre qui caractérisent cette monstreuse instruction. L'affaire a donc été abandonnée sans contrôle à des subalternes : à des experts qui m'avaient déjà attaqué par les plus odieuses calomnies, et que M. Carnot avait désignés parce que leur acharnement contre moi était notoire, ou à des magistrats qui s'étant compromis dès le commencement en violant toutes les lois destinées à protéger à la fois la justice et l'accusé, se sont crus, peut-être, engagés d'honneur à préparer par tous les moyens ma ruine, afin que les irrégularités dont j'étais la victime fussent couvertes par le succès de l'accusation. Voilà comment il s'est fait qu'une accusation qui en des temps ordinaires n'aurait pas été relevée, ou qui serait tombée d'elle-même devant le mépris du public, a pris peu à peu des proportions si gigantesques.

Les irrégularités principales dont j'ai à me plaindre sont les suivantes : au mépris des dispositions formelles des articles 36, 37, 38, 39, 89 du *Code d'instruction criminelle*, mes meubles, mon linge, mes papiers, une bibliothèque de plus de trente mille volumes, des valeurs considérables de portefeuille, tout ce qui m'appartenait, en un mot, a été saisi, sans aucune formalité, sans inventaire, sans qu'on prît aucune précaution pour constater l'identité des objets saisis et incriminés, ou pour en assurer la conservation. Il n'a été nommé aucun fondé de pouvoir pour assister aux saisies et pour parafer les objets saisis, comme l'ordonne l'article 39 du *Code d'instruction criminelle*. On n'a pris aucune précaution pour conserver les nombreuses pièces à décharge (factures de libraires, catalogues, pièces de correspondance, etc.) qui existaient chez moi, et dont l'article 37 du même *Code d'instruction criminelle* prescrit la saisie régulière et la conservation. Dans la plupart des cas on a même négligé de mettre des scellés sur des caisses et sur des paniers dans lesquels les objets saisis avec si peu de régularité étaient renfermés, et lorsque, par exception, des scellés avaient été apposés, ils ont été ensuite brisés sans aucune des formalités voulues par la loi. Tous les objets saisis, livres, valeurs, manuscrits, autographes, pièces de correspondance, etc., ont été livrés sans inventaire, et sans aucune formalité, à une commission composée de mes ennemis personnels, qui ont enlevé de chez moi journellement, sans témoins, sans contrôle et sans aucune forme légale, des masses de livres et de papiers, tandis que d'autres masses de livres et de papiers étaient introduits dans mon appartement avec aussi peu de cérémonie. De plus, malgré les lois qui protégent le domicile de tout individu, accusé ou non, mon appartement a été envahi pendant plusieurs mois par une foule hostile, par tous ceux que la curiosité ou l'animosité amenait chez moi. Aucune précaution n'a été prise pour constater l'identité des objets ainsi enlevés ou apportés par des gens intéressés à me perdre, et qu'on laissait agir sans aucune surveillance.

Je pourrais signaler d'autres irrégularités non moins graves qui sont relatives à la saisie en masse de tous mes biens, même de ceux qui n'étaient point incriminés, à l'audition des témoins, dont on a refusé de recevoir la partie de la déposition qui m'était favorable, et à d'autres points importants de la procédure; mais je ne crois pas nécessaire de poursuivre cette énumération. Ce que je viens de dire suffit pour montrer que l'instruction dirigée contre moi a été dès le commencement entachée des plus graves irrégularités. La chose sur laquelle je crois devoir insister, c'est que, comme on le verra bientôt, j'ai entre les mains la preuve de tous les faits que je viens d'avancer. Ces faits, d'ailleurs, sont notoires à Paris, et je crois, Monsieur, que vous les connaissez trop bien pour qu'il soit nécessaire de s'y arrêter.

Permettez-moi seulement de vous entretenir un instant d'une de ces irrégularités, de celle dont je ressens le plus en ce moment les conséquences déplorables. On prétend avoir trouvé chez moi des objets provenant de différentes bibliothèques publiques, et l'accusation se sert de cette découverte pour supposer que j'ai dérobé ces objets aux établissements dont ils ont pu sortir. Admettons que l'origine de ces objets soit parfaitement démontrée; admettons de même que, malgré l'absence de tout inventaire descriptif, et malgré tout ce qu'on a introduit chez moi, il soit également démontré que ces objets existaient dans mes collections au moment où j'ai quitté Paris, et qu'ils n'y avaient pas été apportés depuis. Que peut me demander l'accusation? Bien qu'il soit notoire que des masses de livres et d'autographes sortis des bibliothèques publiques de la France se sont répandus partout, bien qu'il soit également constant que, de tous ceux qui pouvaient posséder de ces objets, je suis le seul auquel on intente un procès criminel, l'accusation ne peut tout au plus, et par exception, que me demander d'indiquer par quels moyens je suis devenu possesseur de ces objets. Or, comment puis-je administrer la preuve qu'on me demande? C'est en produisant les pièces (factures de libraires, catalogues, lettres, etc.) qui démontrent la régularité de la possession; et comment puis-je prouver cette légitime provenance lorsque non-seulement les pièces qui devaient servir à l'établir m'ont été enlevées, mais lorsqu'elles ont été livrées en masse à mes ennemis, à mes calomniateurs, qui en ont emporté, déchiré, brûlé un très-grand nombre, ainsi que je puis le prouver par la preuve orale, et par les documents nombreux qui sont entre mes mains. Les magistrats qui ont été chargés jusqu'à présent de cette instruction, sont persuadés, dit-on, de ma culpabilité. Soit.... M. Boucly aussi avait la même conviction lorsqu'il m'accusait d'avoir dérobé à la bibliothèque de Carpentras le *Cortigiano* de *Castiglione*, que m'avait vendu M. Merlin, et un *Théocrite* que j'avais eu, par voie d'échange, de l'abbé Laurans. Les charges contenues dans le Rapport de M. Boucly, semblaient si accablantes, que mes ennemis n'hésitèrent pas à publier officiellement ce Rapport dans le *Moniteur universel.* Pourtant elles furent réduites au néant à l'aide de deux lettres, l'une de M. Merlin, et l'autre de l'abbé Laurans, qui constataient l'origine des livres incriminés. Croit-on que si ces lettres, que j'avais pu préserver de la fureur de mes ennemis, étaient tombées entre leurs mains, j'aurais pu répondre victorieusement, comme je l'ai fait, au Rapport de M. Boucly? Ne compte-t-on pour rien une irrégularité aussi capitale commise en violation des articles 36, 37, 38, 39 et 89 du *Code d'instruction criminelle*, et qui, en me privant de mes meilleurs moyens de défense, a dû m'inspirer une si juste défiance contre tout ce qui pourrait se faire en France à mon égard? Depuis deux ans je me suis appliqué sans relâche à suppléer par de nouveaux documents aux pièces à décharge qui m'ont été enlevées. Bien que l'intimidation exercée à mon préjudice ait rendu cette tâche très-difficile, j'ai pu me procurer un grand nombre de documents propres à confondre mes calomniateurs. D'autres papiers importants, qui avaient échappé à la saisie, me sont parvenus depuis. J'ai aussi entre les mains un nombre considérable de pièces qui servent à établir les irrégularités dont je suis la victime. Si je me rends en France, Monsieur, pour me constituer prisonnier, qui peut m'assurer que ces pièces, destinées à couvrir de ridicule et de honte les gens qui m'ont persécuté, ne seront pas saisies avec aussi peu de régularité que celles que l'on a trouvées chez moi, et qu'elles ne seront pas, comme les premières, enlevées, dispersées, ou jetées au feu? Vous me répondrez sans doute, Monsieur, que le caractère des magistrats, au nom desquels vous parlez dans votre lettre, répond d'avance à cette supposition. Personne ne respecte plus que moi le corps de la magistrature française; mais j'ai appris malheureusement à mes dépens, qu'en France l'action de la loi était confiée trop souvent et sans aucun contrôle aux parquets, ou aux juges d'instruction, et que les magistrats d'un ordre plus élevé n'avaient aucun moyen de prévenir ou de réprimer les abus de pouvoir qui se commettent dans les rangs inférieurs. En effet, les irrégularités dont j'ai à me plaindre sont publiques; elles ont été portées par vingt moyens différents à la connaissance des chefs de la magistrature française; elles ont soulevé les protestations des plus éminents jurisconsultes, et cependant on n'a pris aucune mesure pour mettre un terme à ces premières irrégularités, ou pour en prévenir le retour.

Les craintes que je viens de vous exprimer au sujet des irrégularités nouvelles qui pourraient être commises à mon préjudice ne me sont pas uniquement personnelles : elles sont partagées par plusieurs de mes amis les plus considérables. Mais je dois dire que leur esprit est encore plus frappé de la crainte, qu'en l'état actuel des choses ma défense ne pût pas être libre. Vous savez mieux que moi, Monsieur, que des objets exactement semblables à ceux dont la possession m'est imputée à crime, et ayant la même provenance, ont été possédés et mis en circulation par des hommes considérables, par des fonctionnaires, par des savants, par des magistrats même, dont le nom ou les souvenirs sont chers à la France. Me serait-il permis de citer les noms, de produire les preuves, de mettre en cause, en un mot, des hommes haut placés, contre lesquels la justice aurait de la répugnance à diriger des poursuites, et au sujet desquels l'enquête même la plus simple semblerait une injure faite au pays? Me serait-il permis de mettre en avant, par exemple, les noms du président Agier, du président Garnier, de M. Monmerqué, conseiller à la Cour d'appel de Paris, qui ont mis en vente des fragments de Peiresc, ou de Léonard de Vinci, dont quelques-uns sont devenus ma propriété? Pourrais-je espérer qu'on ferait une enquête sérieuse pour découvrir comment ces trois magistrats ont pu se procurer des autographes dont la possession n'est incriminée qu'après qu'ils sont entrés dans ma collection? Je n'ai mentionné que trois noms; j'en aurais cinquante à citer, les uns plus considérables que les autres. Des hommes très-distingués sont frappés de l'idée que ma défense serait entravée, et qu'après m'avoir enlevé illégalement les pièces principales qui devaient servir à ma justification, on ne me permettrait pas, à moi étranger, de mettre sur la sellette des hommes qui se trouvent dans une position identique à la mienne, mais qu'on considère comme parfaitement innocents, tandis qu'on s'acharne à me traiter comme un grand coupable.

La conséquence de ce que je viens de dire est fort claire, et tous mes amis l'ont tirée pour moi. Je ne dois aller à Paris, que lorsqu'il me sera démontré *par des faits* que l'on est décidé à abandonner la voie irrégulière dans laquelle on s'est engagé à mon détriment, pour rentrer dans la voie légale, dans celle que le code a tracée. La France est un pays où les choses se font plus souvent par entraînement et, comme le disait Montaigne, *par poussée,* que par réflexion et par raison; mais c'est par cela même le pays où se manifestent les plus soudains retours d'opinion. Or, comme si je ne me présente pas actuellement, la loi m'accorde de longues années pour purger ma contumace, il faudrait un miracle pour que les causes qui ont préparé le succès de mes ennemis aujourd'hui, pussent échapper aux révolutions qui se succèdent si rapidement sur les rives de la Seine. Si j'attends, j'ai donc toutes les chances de voir se dissiper ces préventions qui, à la suite de la publication du Rapport de M. Boucly dans le *Moniteur universel,* ont si malheureusement agi sur l'esprit des magistrats, et qui ont troublé d'une si singulière manière les cœurs pusillanimes. Si l'on veut s'en donner la peine, ce dont je doute un peu, on découvrira avec le temps quelles sont les gens qui ont mis en circulation cette masse de livres et d'objets de toute nature, qui sont sortis des établissements de l'État pour entrer dans toutes les collections publiques et particulières. Moi-même je pourrai peu à peu rassembler de nouvelles preuves, de nouveaux documents, pour suppléer à ceux dont j'ai été privé révolutionnairement, et lorsque viendra le jour ou je croirai opportun d'aller à Paris, il arrivera ce qui est souvent arrivé à la suite des condamnations par contumace : on se demandera avec étonnement comment une telle accusation a pu être accueillie, et elle s'écroulera aux applaudissements universels. Ceux qui me connaissent savent que je ne manque pas d'une certaine opiniâtreté, et l'on peut être assuré que je travaillerais avec persévérance à suppléer aux pièces qu'on m'a enlevées, et qui, dès aujourdhui, auraient assuré mon succès. Je sais que si je m'abstiens d'aller à Paris maintenant, mes ennemis triompheront, que mes amis seront pour la plupart découragés, et que les clameurs les plus violentes s'élèveront contre moi. Il y a longtemps que j'ai appris à ne pas me laisser ébranler par les cris du vulgaire. D'ailleurs, une chose qu'on ne sait peut-être pas en France, c'est que, depuis la revolution de Février, Paris a perdu cet ascendant qu'il exerçait sur toute l'Europe, et qu'un homme peut aujourd'hui être ignominieusement traité en France, sans que pour cela il se trouve moins bien accueilli, moins estimé, moins honoré dans d'autres pays. C'est ce qui est arrivé à mon égard. Non-seulement toutes les calomnies officielles dirigées en France contre moi n'ont produit aucun effet à l'étranger ; mais depuis les derniers arrêts, par lesquels on a voulu me frapper, j'ai reçu les témoignages les plus flatteurs de sympathie de la part des hommes dont l'opinion a le plus de poids en Europe. Il semble même que plus on agit en France avec passion et irrégulièrement, dans l'espoir de me nuire, et plus on sent, dans les pays où la légalité est respectée, le besoin de me prouver que les arrêts rendus contre moi n'ont aucune valeur. Les mesures exceptionnelles dont j'ai été la victime ont tellement affaibli le respect qu'on avait pour les décisions de la magistrature française, que je n'ai pas encore trouvé en Angleterre une seule personne qui ait consenti à considérer comme chose sérieuse ce qui se fait à Paris contre moi, ou qui ait cru nécessaire que j'allasse en France pour me disculper. Si cette *furia francesc*, qui a eu de tout temps de si déplorables effets, et qui a porté des magistrats français à rendre des arrêts contre l'inoculation, contre l'émétique et contre la réforme de la physique d'Aristote, pouvait laisser place à quelque réflexion, l'aspect singulier d'un homme qui, bien qu'officiellement *flétri* en France, se fait honorer à l'étranger, suffirait pour montrer tout l'odieux, tout le ridicule de cette accusation.

Tout autre qui jouirait comme moi d'une parfaite tranquillité intérieure, et qui au témoignage de sa conscience pourrait joindre la sympathie d'amis chauds et dévoués, se garderait bien, ce me semble, d'aller s'exposer sans nécessité au danger de rendre aujourd'hui irréparable une erreur qu'il est moralement certain de détruire après un intervalle de temps plus ou moins long. Cependant, par respect pour les amis que j'ai laissés en France, je ne veux rien négliger de ce qui pourrait hâter la manifestation de la vérité. A plusieurs reprises j'ai déjà demandé à aller à Paris pour répondre à mes calomniateurs. En 1848 j'ai déclaré que je me constituerais prisonnier, si l'on voulait nommer une commission qui ne fût pas exclusivement composée de mes ennemis. L'année dernière, lorsque ma santé ne m'a plus permis d'affronter les rigueurs de la détention préventive, j'ai demandé aux magistrats l'autorisation de me rendre à Paris en état de liberté sous caution. Ces demandes si simples n'ont jamais reçu aucune réponse. A présent, j'ai besoin d'être rassuré au sujet des intentions des magistrats, et de leur ferme volonté de faire respecter les lois. Je viens donc, Monsieur, proposer un moyen parfaitement légal, parfaitement régulier, et qui, s'il était adopté, en dissipant les craintes que toutes les irrégularités commises dans ce procès ont dû me faire concevoir, me mettrait dans le cas de me rendre immédiatement à Paris pour repousser les calomnies répandues contre moi. Dans quelques jours on va procéder au jugement de la contumace en ce qui me concerne. L'article 470 du *Code d'instruction criminelle*, en prescrivant les formes qui doivent être suivies dans ce jugement, s'exprime ainsi qu'il suit :

« Si l'instruction n'est pas conforme à la loi, la Cour la déclare nulle, et ordonne qu'elle sera recommencée à partir du plus ancien acte irrégulier. »

Que l'instruction dirigée contre moi n'ait pas été conforme à la loi, c'est un fait reconnu, et qui a été proclamé par les jurisconsultes les plus éminents, particulièrement par la Faculté de droit de l'université de Pise, dans un vote d'adhésion joint à l'excellent mémoire de M. Lamporechi, conseiller d'Etat du grand-duc de Toscane et membre du sénat toscan, mémoire où se trouvent exposées les irrégularités coupables dont cette instruction est entachée. Je vous ai dit en commençant, Monsieur, quels dangers ces irrégularités avaient fait surgir pour moi dans le passé, et quelles craintes elles ont inspirées à mes amis pour l'avenir. Veut-on persévérer dans cette voie d'illégalité, ou veut-on en sortir ? Si l'on veut y demeurer, ce serait folie à moi de me présenter devant des magistrats qui pourraient assurer ma condamnation en violant de nouveau les lois. Si l'on veut quitter la voie irrégulière pour rentrer dans la route ordinaire et légale qu'on n'aurait jamais dû abandonner, la première chose à faire, c'est de reconnaître les irrégularités qu'on a commises, et d'annuler la procédure à partir du premier acte illégal, c'est-à-dire depuis le commencement, comme le prescrit l'article 470 du *Code d'instruction criminelle* que je viens de citer. Si telle chose avait lieu, si cette procédure illégale était annulée, je n'hésiterais pas un seul instant à me rendre à Paris : j'en prends l'engagement formel. Dans le cas contraire, je protesterais contre tout ce qui se ferait aujourd'hui contre moi, et j'attendrais pour me présenter que la justice eût repris en France son cours régulier. Voilà, Monsieur, la réponse que je crois devoir faire à la communication que j'ai reçue de vous. C'est là une résolution sérieuse et réfléchie, qui n'admet pour moi aucune discussion.

Il me reste à vous remercier, Monsieur, de ce que vous me faites l'honneur de me dire à propos de mon récent mariage. A ce que j'apprends, ce mariage à mis en émoi certaines gens, qui ne peuvent pas se consoler de me voir poursuivre tranquille ma vie ordinaire, et trouver le bonheur au milieu des orages qu'ils cherchent à me susciter. Ils s'imaginent peut-être qu'une injuste persécution doit plonger un homme dans le désespoir, au lieu d'augmenter la sérénité de son esprit. Au moyen âge, on disait que les chiens se refusaient à manger le pain d'un excommunié. En voyant depuis deux ans des gens qui avaient aboyé contre moi trouver mon pain excellent, je me suis assuré que j'étais loin d'être frappé d'excommunication. Quoi qu'il en soit, je ne vois pas pourquoi, lorsque des magistrats qui ont été accusés par les savants et par les jurisconsultes les plus considérables de l'Europe, d'avoir violé toutes les lois, d'avoir même falsifié des dépositions pour me nuire, mangent, boivent, se promènent, vont au spectacle, se font décorer, sans se soucier nullement des cris élevés de toutes parts contre eux, je devrais de mon côté, prendre un plus grand souci de ce que ces mêmes magistrats ont pu faire contre moi. Il faut que mes ennemis se résignent à me voir vivre tranquille et heureux, malgré leurs persécutions, à me voir conserver l'estime et l'affection de mes amis. Quoiqu'ils m'aient dérobé tous mes manuscrits, tous les travaux scientifiques et littéraires que j'avais préparés, il faut qu'ils s'attendent aussi à me voir reprendre tranquillement les études qui m'ont occupé toute ma vie, et qui, dans les jours d'épreuve, m'ont toujours offert les plus efficaces et les plus douces consolations.

Agréez, Monsieur, l'assurance de mes sentiments les plus distingués.

G. LIBRI.

AVIS AUX AMATEURS D'ELZEVIRS.

Il paraît à la librairie Panckoucke, rue des Poitevins, 14, un charmant petit volume, imitation parfaite des éditions elzeviriennes, avec têtes de pages, lettres grises, culs-de-lampe très-variés, intitulé : *Le Jardin des Roses de la vallée des larmes*, traduit du latin par J. Chenu; pet. in-12 de 72 pag., *tiré à* **110** *exemplaires*.

PRIX : 1 exempl. sur peau de vélin, » fr. — 2 exempl. sur papier de Chine, 15 fr. — 2 exempl. sur papier vélin lilas, 15 fr. — 5 exempl. sur papier vélin vert, 10 fr. — 100 exempl. sur papier de Hollande, 5 fr.

Les Œuvres et les Jours d'Hésiode, trad. par le même. *Paris*, 1844, pet. in-12 elzevirien, papier de Hollande (*tirage à* **100** *exemplaires*). Prix............................ 5 fr.

La première leçon des matines ordinaires du grand abbé des conardz de Rouen, souuerain monarcque de lordre : contre la response faicte par vng corneur à lapologie dudict abbé. *Paris,* 1848, pet. in-12 elzevirien. Prix...................... 10 fr.

Charmante brochure de 12 pages d'impression, avec les têtes de pages, lettres grises et culs-de-lampe des éditions elzeviriennes, tirée à 18 exemplaires.

Le Cochon mitré, dialogue. *Paris*, 1850, pet. in-12 elzevirien, *tiré à* **110** *exemplaires*.

PRIX : 1 exemplaire sur peau de vélin, » fr. — 4 exempl. sur papier de Chine, 10 fr. — 5 exempl. sur papier vélin rose, 8 fr. — 100 exempl. sur papier de Hollande, 3 fr. 60 c.

Cette réimpression, imitation parfaite des éditions elzeviriennes dont elle reproduit les ornements, est précédée d'une dissertation de M. Leber sur l'auteur du *Cochon mitré.*

A LA MÊME LIBRAIRIE :

Éléments de l'Univers : Mouvement et situation des corps célestes; Phénomènes qui se forment ou qui apparaissent dans l'air; Aspect naturel de la Terre; Description des eaux; Structure et composition du Globe : — *Mosaïque* recueillie par A. Lucas. — Un vol. grand in-18. Prix......................... 2 fr.

Tableau synchronique de la vie et des ouvrages de M. T. Cicéron; par A. Lucas. 56 pages in-8° à 2 colonnes, caractères microscopiques. Prix...................... 2 fr.

Observations du Conservatoire de la Bibliothèque nationale au Ministre de l'Instruction publique, sur une brochure de M. Jubinal, relative à un autographe de Montaigne, avec une Réponse de M. Paulin Paris à ces Observations. *Paris,* 1850, piqûre in-8° *tirée à* 200 *exempl.* Prix.................. 75 c.

Réponse de M. Achille Jubinal aux Observations du Conservatoire de la Bibliothèque nationale. *Paris,* 1850, piqûre in-8° *tirée à* 300 *exempl.* Prix........................... 60 c.

Acte d'accusation contre Libri-Carrucci. *Paris,* 1850, brochure in-8°. Prix.............................. » »

PARIS. — TYPOGRAPHIE PANCKOUCKE, RUE DES POITEVINS, 8 ET 14.